Renate Sültz & Uwe H. Sültz

Ernährungstagebuch/Ernährungsplan

für

HUNDE

BoD - Books on Demand

Norderstedt 2017

Bibliografische Information durch die Deutsche Nationalbibliothek

Die Deutsche Nationalbibliothek verzeichnet diese Publikation in der Deutschen Nationalbibliografie; detaillierte bibliografische Daten sind im Internet über http://dnb.dnb.de abrufbar.

Herstellung und Verlag: BoD – Books on Demand, Norderstedt

ISBN 9-78374-4-80012-9

Vorwort:

Wie bei uns Menschen entsteht Übergewicht bei unseren Hunden aufgrund mangelnder Bewegung, zu fettem Essen oder auch einem schlecht funktionierenden Stoffwechsel. Wir sprechen jetzt über gesunde Hunde, denn auch Krankheiten, Gene und Hormone haben Einfluss auf das Gewicht.

Viel Bewegung ist natürlich ideal, nur vielleicht nicht immer möglich. Aber eine Ernährungsumstellung muss zwingend nötig sein, damit Sie morgen noch viel Freude an Ihrem Liebling haben.

Wir empfehlen die Zusammenarbeit mit dem Tierarzt, denn es gibt einiges zu beachten: das Alter des Hundes, die Gesundheit, die Bewegungsmöglichkeit, der Auslauf und der Entwicklungszustand Ihres Lieblings.

Denken Sie an folgende Gesundheitsschädigungen: Diabetes, Gelenkschmerzen, Rückenschmerzen und Hüftprobleme.

DAS ALLES BEDEUTET EINE VERKÜRZTE LEBENSZEIT!

Das Idealgewicht wäre übrigens dann, wenn die Rippen an den Seiten leicht zu sehen sind.

Auch Leckerchen gehören abgezählt! Unsere Hunde mögen besonders Selbstgemachtes.

THUNFISCH-LECKERCHEN

Zutaten:

1 Dose Thunfisch in Wasser

80 g Butter

500 g Mehl

Etwas Wasser

Zubereitung:

Alle Zutaten in eine Schüssel geben und gut vermischen. Kleine Leckerchen formen und bei 120 Grad ca. 20 bis 30 Minuten backen, bis die Leckerchen leicht braun werden.

Mein Hund heißt_____

Datum	zu Essen gab es	Uhrzeit	Leckerchen	Menge	Gramm	Kalorien	Auslauf	Sport

Mein Hund heißt_____

Datum	zu Essen gab es	Uhrzeit	Leckerchen	Menge Gramm	Kalorien	Auslauf	Sport

Mein Hund heißt_____

Datum	zu Essen gab es	Uhrzeit	Leckerchen	Menge Gramm	Kalorien	Auslauf	Sport

Mein Hund heißt_____

Datum	zu Essen gab es	Uhrzeit	Leckerchen	Menge Gramm	Kalorien	Auslauf	Sport

Mein Hund heißt_____

Datum	zu Essen gab es	Uhrzeit	Leckerchen	Menge Gramm	Kalorien	Auslauf	Sport

Mein Hund heißt_____

Datum	zu Essen gab es	Uhrzeit	Leckerchen	Menge Gramm	Kalorien	Auslauf	Sport

Mein Hund heißt_____

Datum	zu Essen gab es	Uhrzeit	Leckerchen	Menge	Gramm	Kalorien	Auslauf	Sport

Mein Hund heißt_____

Datum	zu Essen gab es	Uhrzeit	Leckerchen	Menge Gramm	Kalorien	Auslauf	Sport

Mein Hund heißt_____

Datum	zu Essen gab es	Uhrzeit	Leckerchen	Menge Gramm	Kalorien	Auslauf	Sport

Mein Hund heißt_____

Datum	zu Essen gab es	Uhrzeit	Leckerchen	Menge	Gramm	Kalorien	Auslauf	Sport

Mein Hund heißt_____

Datum	zu Essen gab es	Uhrzeit	Leckerchen	Menge Gramm	Kalorien	Auslauf	Sport

Mein Hund heißt_____

Datum	zu Essen gab es	Uhrzeit	Leckerchen	Menge	Gramm	Kalorien	Auslauf	Sport

Mein Hund heißt_____

Datum	zu Essen gab es	Uhrzeit	Leckerchen	Menge Gramm	Kalorien	Auslauf	Sport

Mein Hund heißt_____

Datum	zu Essen gab es	Uhrzeit	Leckerchen	Menge	Gramm	Kalorien	Auslauf	Sport

Mein Hund heißt_____

Datum	zu Essen gab es	Uhrzeit	Leckerchen	Menge	Gramm	Kalorien	Auslauf	Sport

Mein Hund heißt_____

Datum	zu Essen gab es	Uhrzeit	Leckerchen	Menge	Gramm	Kalorien	Auslauf	Sport

Mein Hund heißt_____

Datum	zu Essen gab es	Uhrzeit	Leckerchen	Menge Gramm	Kalorien	Auslauf	Sport

Mein Hund heißt_____

Datum	zu Essen gab es	Uhrzeit	Leckerchen	Menge	Gramm	Kalorien	Auslauf	Sport

Mein Hund heißt_____

Datum	zu Essen gab es	Uhrzeit	Leckerchen	Menge Gramm	Kalorien	Auslauf	Sport

Mein Hund heißt_____

Datum	zu Essen gab es	Uhrzeit	Leckerchen	Menge Gramm	Kalorien	Auslauf	Sport

Mein Hund heißt_____

Datum	zu Essen gab es	Uhrzeit	Leckerchen	Menge Gramm	Kalorien	Auslauf	Sport

Mein Hund heißt_____

Datum	zu Essen gab es	Uhrzeit	Leckerchen	Menge	Gramm	Kalorien	Auslauf	Sport

Mein Hund heißt_____

Datum	zu Essen gab es	Uhrzeit	Leckerchen	Menge	Gramm	Kalorien	Auslauf	Sport

Mein Hund heißt_____

Datum	zu Essen gab es	Uhrzeit	Leckerchen	Menge	Gramm	Kalorien	Auslauf	Sport

Mein Hund heißt_____

Datum	zu Essen gab es	Uhrzeit	Leckerchen	Menge	Gramm	Kalorien	Auslauf	Sport

Mein Hund heißt_____

Datum	zu Essen gab es	Uhrzeit	Leckerchen	Menge	Gramm	Kalorien	Auslauf	Sport

Mein Hund heißt_____

Datum	zu Essen gab es	Uhrzeit	Leckerchen	Menge Gramm	Kalorien	Auslauf	Sport

Mein Hund heißt_____

Datum	zu Essen gab es	Uhrzeit	Leckerchen	Menge	Gramm	Kalorien	Auslauf	Sport

Mein Hund heißt_____

Datum	zu Essen gab es	Uhrzeit	Leckerchen	Menge Gramm	Kalorien	Auslauf	Sport

Mein Hund heißt_____

Datum	zu Essen gab es	Uhrzeit	Leckerchen	Menge Gramm	Kalorien	Auslauf	Sport

Mein Hund heißt_____

Datum	zu Essen gab es	Uhrzeit	Leckerchen	Menge Gramm	Kalorien	Auslauf	Sport

Mein Hund heißt_____

Datum	zu Essen gab es	Uhrzeit	Leckerchen	Menge Gramm	Kalorien	Auslauf	Sport

Mein Hund heißt_____

Datum	zu Essen gab es	Uhrzeit	Leckerchen	Menge	Gramm	Kalorien	Auslauf	Sport

Mein Hund heißt_____

Datum	zu Essen gab es	Uhrzeit	Leckerchen	Menge Gramm	Kalorien	Auslauf	Sport

Mein Hund heißt_____

Datum	zu Essen gab es	Uhrzeit	Leckerchen	Menge Gramm	Kalorien	Auslauf	Sport

Mein Hund heißt_____

Datum	zu Essen gab es	Uhrzeit	Leckerchen	Menge Gramm	Kalorien	Auslauf	Sport

Mein Hund heißt_____

Datum	zu Essen gab es	Uhrzeit	Leckerchen	Menge Gramm	Kalorien	Auslauf	Sport

Mein Hund heißt_____

Datum	zu Essen gab es	Uhrzeit	Leckerchen	Menge	Gramm	Kalorien	Auslauf	Sport

Mein Hund heißt_____

Datum	zu Essen gab es	Uhrzeit	Leckerchen	Menge	Gramm	Kalorien	Auslauf	Sport

Mein Hund heißt_____

Datum	zu Essen gab es	Uhrzeit	Leckerchen	Menge Gramm	Kalorien	Auslauf	Sport

Mein Hund heißt_____

Datum	zu Essen gab es	Uhrzeit	Leckerchen	Menge	Gramm	Kalorien	Auslauf	Sport

Mein Hund heißt_____

Datum	zu Essen gab es	Uhrzeit	Leckerchen	Menge Gramm	Kalorien	Auslauf	Sport

Mein Hund heißt_____

Datum	zu Essen gab es	Uhrzeit	Leckerchen	Menge	Gramm	Kalorien	Auslauf	Sport

Mein Hund heißt_____

Datum	zu Essen gab es	Uhrzeit	Leckerchen	Menge Gramm	Kalorien	Auslauf	Sport

Mein Hund heißt_____

Datum	zu Essen gab es	Uhrzeit	Leckerchen	Menge	Gramm	Kalorien	Auslauf	Sport

Mein Hund heißt _____

Datum	zu Essen gab es	Uhrzeit	Leckerchen	Menge Gramm	Kalorien	Auslauf	Sport

Mein Hund heißt_____

Datum	zu Essen gab es	Uhrzeit	Leckerchen	Menge	Gramm	Kalorien	Auslauf	Sport

Mein Hund heißt_____

Datum	zu Essen gab es	Uhrzeit	Leckerchen	Menge Gramm	Kalorien	Auslauf	Sport

Mein Hund heißt_____

Datum	zu Essen gab es	Uhrzeit	Leckerchen	Menge Gramm	Kalorien	Auslauf	Sport

Mein Hund heißt_____

Datum	zu Essen gab es	Uhrzeit	Leckerchen	Menge Gramm	Kalorien	Auslauf	Sport

Mein Hund heißt_____

Datum	zu Essen gab es	Uhrzeit	Leckerchen	Menge	Gramm	Kalorien	Auslauf	Sport

Mein Hund heißt_____

Datum	zu Essen gab es	Uhrzeit	Leckerchen	Menge Gramm	Kalorien	Auslauf	Sport

Mein Hund heißt_____

Datum	zu Essen gab es	Uhrzeit	Leckerchen	Menge	Gramm	Kalorien	Auslauf	Sport

Mein Hund heißt_____

Datum	zu Essen gab es	Uhrzeit	Leckerchen	Menge Gramm	Kalorien	Auslauf	Sport

Mein Hund heißt_____

Datum	zu Essen gab es	Uhrzeit	Leckerchen	Menge	Gramm	Kalorien	Auslauf	Sport

Mein Hund heißt_____

Datum	zu Essen gab es	Uhrzeit	Leckerchen	Menge Gramm	Kalorien	Auslauf	Sport

Mein Hund heißt_____

Datum	zu Essen gab es	Uhrzeit	Leckerchen	Menge Gramm	Kalorien	Auslauf	Sport

Mein Hund heißt_____

Datum	zu Essen gab es	Uhrzeit	Leckerchen	Menge Gramm	Kalorien	Auslauf	Sport

Mein Hund heißt_____

Datum	zu Essen gab es	Uhrzeit	Leckerchen	Menge Gramm	Kalorien	Auslauf	Sport

Mein Hund heißt_____

Datum	zu Essen gab es	Uhrzeit	Leckerchen	Menge	Gramm	Kalorien	Auslauf	Sport

Mein Hund heißt_____

Datum	zu Essen gab es	Uhrzeit	Leckerchen	Menge Gramm	Kalorien	Auslauf	Sport